INSTITUT IMPÉRIAL DE FRANCE.

ACADÉMIE DES INSCRIPTIONS ET BELLES-LETTRES.

OBSERVATIONS HISTORIQUES

SUR LA FONCTION DE

SECRÉTAIRE DES PRINCES

CHEZ LES ANCIENS,

PAR M. EGGER,

MEMBRE DE L'ACADÉMIE DES INSCRIPTIONS ET BELLES-LETTRES.

Lues en séance publique annuelle des cinq Académies, le 14 août 1858.

PARIS,

TYPOGRAPHIE DE FIRMIN DIDOT FRÈRES, FILS ET Cⁱᵉ,

IMPRIMEURS DE L'INSTITUT IMPÉRIAL, RUE JACOB, 56.

1858.

INSTITUT IMPÉRIAL DE FRANCE.

OBSERVATIONS HISTORIQUES

SUR LA

FONCTION DE SECRÉTAIRE DES PRINCES

CHEZ LES ANCIENS.

Par M. EGGER.

MEMBRE DE L'ACADÉMIE DES INSCRIPTIONS ET BELLES-LETTRES.

Lues dans la séance publique annuelle des cinq Académies, le 14 août 1858.

PARIS,

TYPOGRAPHIE DE FIRMIN DIDOT FRÈRES, FILS ET Cⁱᵉ,

IMPRIMEURS DE L'INSTITUT IMPÉRIAL, RUE JACOB, 56.

—

1858

OBSERVATIONS HISTORIQUES

SUR LA

FONCTION DE SECRÉTAIRE DES PRINCES

CHEZ LES ANCIENS.

Par M. EGGER.

MEMBRE DE L'ACADÉMIE DES INSCRIPTIONS ET BELLES-LETTRES.

Lues dans la séance publique annuelle des cinq Académies, le 14 août 1858

Selon les définitions de l'Académie française, dans son dictionnaire, le *secrétaire du Roi* était, dans l'ancienne monarchie, « l'officier qui dressait les lettres expédiées en chancellerie », et le *secrétaire d'État* est « le ministre qui a un département et qui contresigne les ordonnances du roi. » Fauvelet du Toc, au XVIIe siècle, et plus récemment M. Chéruel et M. de Luçay (1) ont exposé, dans des ouvrages spéciaux, comment les secrétaires du Roi sont devenus chez nous des ministres secrétaires d'État ; mais peut-être manque-t-il à ces savants ouvrages une introduction, où l'on voie l'origine ancienne de l'institution moderne. C'est cette introduction

1

que j'essaye d'esquisser, sans prétendre établir que nos gouvernements modernes aient directement copié des institutions de l'antiquité, mais avec l'espoir cependant qu'on n'observera pas sans intérêt comment, dans nos sociétés civilisées, les mêmes besoins et les mêmes devoirs de gouvernement ont peu à peu produit un mécanisme administratif fort semblable à celui que nous offrent déjà quelques gouvernements du monde ancien.

Le dernier historien de nos secrétaires d'État admet qu'une ordonnance de Henri II, en 1547, a véritablement constitué cet office. Mais il en signale déjà les principales attributions dans la charge que remplit Florimond Robertet sous les règnes de Charles VIII, de Louis XII et de François Ier; puis, remontant plus haut encore, il croit en reconnaître une ébauche dans la chancellerie de Louis VIII au XIIIe siècle, et ainsi, de proche en proche, à travers les commencements de la monarchie française, il rejoint le siècle où l'administration de l'empire romain en décadence lui montre dans le *primicerius notariorum* le premier modèle d'un secrétariat officiel des princes.

C'est peut-être exagérer l'importance de ce *primicerius notariorum*, et s'arrêter trop tôt dans la recherche des analogies historiques; car il est facile de retrouver dans les Codes et dans la Notice de l'Empire (2) une organisation de la chancellerie impériale qui, dans son ensemble, date au moins du IVe siècle après Jésus-Christ, et où l'on voit cet important service divisé en quatre portefeuilles ou bureaux (*scrinia*), confiés chacun à un chef spécial (*magister*), sous l'autorité d'un chef unique (le *magister officiorum*). C'étaient, autant qu'on peut saisir et traduire en langage moderne des différences que les témoignages contemporains marquent tantôt avec une brièveté excessive, tantôt par des périphrases aussi obscures que la brièveté même :

1° Le bureau central des renseignements et de l'enregistrement, ou *scrinium memoriæ* ;

2° Le bureau des requêtes, ou *scrinium libellorum* ;

3° Le bureau des lettres ou de la correspondance, ou *scrinium epistolarum*, qui paraît avoir compris deux services distincts, celui des lettres grecques et celui des lettres latines, sans compter peut-être quelques services secondaires pour les lettres conçues en d'autres langues (3) ;

4° Le bureau des dispositions, ou *scrinium dispositionum*, qui avait probablement l'expédition des affaires les plus urgentes.

A côté, peut-être même au dessous de ces quatre directions se plaçait le service des *notarii*, tachygraphes ou écrivains de chiffres, dont le chef portait le nom de *primicerius*, et est formellement distingué des quatre *magistri* en ce qu'il n'avait pas sous ses ordres des officiers proprement dits (*officium non habet*), mais de simples aides (*adjutores*).

C'est là l'organisation qui s'est perpétuée, avec des changements divers, soit auprès des pontifes chrétiens de Rome, pour devenir la chancellerie actuelle des papes (4), soit auprès des royautés barbares pour devenir, avec le progrès des temps, le service savamment compliqué de nos chancelleries royales. Elle a, comme il était naturel, attiré de bonne heure l'attention des commentateurs des codes et celle des historiens de l'Empire ; elle est décrite avec précision et à sa juste place dans un savant mémoire de M. Naudet sur l'administration romaine au IV° siècle de notre ère (5) ;

1.

mais il peut être curieux d'en rechercher l'origine au delà de cette époque.

En remontant plus haut que le règne de Constantin, on ne trouve pas, il est vrai, sur cette matière, des renseignements aussi complets et aussi précis que ceux que nous venons de résumer; mais on peut, en réunissant divers témoignages qui sont, je crois, restés épars jusqu'ici, étudier les progrès de l'institution dont il s'agit. et en montrer l'origine dans l'office de secrétaire des princes et surtout des empereurs. C'est l'objet même que je me suis proposé dans le présent Mémoire.

Si le secrétaire d'État est éminemment le dépositaire des secrets qui intéressent un peuple, et le rédacteur officiel de ses volontés, c'est là une charge qui, sous un nom ou sous un autre, ne saurait manquer dans aucun gouvernement régulier. Néanmoins il faut reconnaître que les républiques et les aristocraties de l'ancien monde s'accommodaient peu de ces charges qui supposent une délégation perpétuelle de confiance, un accord discret et journalier entre la volonté qui dirige et les agents qui exécutent.

Athènes, comme les autres villes libres de l'ancienne Grèce, avait des greffiers (γραμματεῖς, ὑπογραφεῖς) pour rédiger ses délibérations publiques, transcrire ses décrets, expédier sa correspondance (6); on ne saurait dire que le peuple athénien ait jamais eu des secrétaires d'État, à moins qu'on ne veuille définir ainsi le rôle d'un Périclès ou d'un Cléon, lorsque, du droit de leur génie ou quelquefois de leur seule ambition, ils devenaient les directeurs du peuple (δημαγωγοί) en semblant lui obéir, et qu'ils lui dictaient le texte des lois que ratifiait le suffrage populaire et dont ils devenaient ensuite les exécuteurs; mais ce serait là peut-être un grave abus de langage, et il est plus juste d'avouer que la fonction dont nous recherchons les plus anciens exemples avait sa vraie place dans les monarchies.

En effet, sans remonter jusqu'aux antiques monarchies de l'Orient, qui sont moins de notre domaine, sans chercher si, en Perse, par exemple, le pouvoir personnel et presque absolu du prince ne tendait pas naturellement à s'appuyer sur le dévouement personnel aussi d'un ministre de confiance, la Macédoine, parmi les États grecs, nous montre déjà auprès du roi un service assez régulièrement organisé pour l'expédition des affaires. Sur ce point, Démosthène a senti, et il signale avec une sorte de tristesse la supériorité des usages monarchiques de la Macédoine comparés aux institutions démocratiques de sa patrie. Ici la division et la mobilité des pouvoirs, la dangereuse et perpétuelle publicité des débats; là, au contraire, l'action constante d'un pouvoir servi par des ministres obéissants et capables de secret (7). Au milieu de la terrible lutte où Athènes était engagée, on comprend la justesse de ces réflexions; on la comprend mieux encore si l'on songe qu'alors le roi de Macédoine était Philippe, et que son secrétaire était celui qui devait s'appeler un jour le roi Eumène (8).

Ces heureux capitaines d'un prince conquérant, devenus rois à leur tour, transportèrent dans leurs monarchies improvisées les usages de la Macédoine; l'épistolographe ou le chef de la correspondance royale garda auprès d'eux le rôle important qu'il avait à la cour d'un Philippe ou d'un Alexandre. Polybe (9), décrivant une fête donnée par le roi de Syrie Antiochus Épiphane, raconte que Dionysius, *l'ami* et *l'épistolographe,* y fit paraître mille jeunes gens tous vêtus d'or et dont le costume avait coûté un million de drachmes. Une charge qui donnait le titre d'ami du roi, titre d'une valeur toute officielle à la cour de Macédoine, une charge qui s'accommodait de ce luxe princier, devait être plus que le modeste office d'un secrétaire intime.

Mais ce qui n'est qu'une conjecture pour l'épistolographe des Séleucides est établi de la façon la plus certaine pour l'épistolographe des Ptolémées.

Dès les temps pharaoniques, les scribes ou greffiers royaux se montrent sur les monuments de l'Égypte comme des fonctionnaires de très-haute classe (tels que seraient des mandarins chinois) auxquels était quelquefois confiée l'administration de provinces entières. Il est vrai que, parmi ces scribes, on n'a pas encore pu distinguer le personnage investi spécialement de la confiance du souverain et placé auprès de lui comme secrétaire intime. Néanmoins, dans un pays où les lettrés jouissaient d'un grand crédit, la fonction de l'épistolographe macédonien trouvait sa place naturelle, et elle ne pouvait guère que s'y agrandir. En effet, ce fonctionnaire, chez les Ptolémées, eut non-seulement l'autorité d'un chef de chancellerie, dépositaire du sceau royal, expéditeur des ordres et des grâces du souverain; mais il fut encore une sorte de ministre des cultes, surveillant l'administration de tous les temples de l'Égypte et le Musée d'Alexandrie, cet antique modèle de nos Académies européennes. Avec de telles attributions l'épistolographe ressemblait fort à un premier ministre. La religion surtout et les lettres relevaient directement de lui; il importait donc que de tels intérêts fussent toujours placés en des mains sûres, et l'on ne s'étonnera pas que, sous les rois grecs, ce chancelier royal ait toujours été un Grec de naissance et d'éducation, comme nous l'apprennent, en effet, tous les témoignages qui nous en sont parvenus. L'intention de cet usage ou plutôt de cette loi est assez manifeste par elle-même; mais elle le devient plus encore lorsque l'Égypte passe, après la bataille d'Actium, sous la domination romaine, car alors le grand-prêtre de toute l'Égypte, l'administrateur du Musée, fut toujours un Romain. Le géographe Strabon, contemporain d'Auguste et de Tibère, avait vu ce changement, qui n'était que la continuation d'une politique habile à concilier les droits du pouvoir conquérant avec les justes égards que réclamait le peuple conquis; il en témoigne expressément, et d'autres textes établissent que les empereurs demeurèrent fidèles à l'exemple donné par les fondateurs de l'empire (10).

Nous voici amené, par l'ordre des faits, à ces traditions romaines où remontent plus spécialement les règles et les usages de notre administration occidentale. Y retrouverons-nous, avec des traits plus distincts et une ressemblance plus frappante, cette fonction de secrétaire du prince appelée quelquefois à devenir celle même d'un ministre ?

Nous n'avons rien à dire de la chancellerie romaine au temps des rois, bien qu'un certain écrivain grec se montre instruit jusqu'au dernier détail de tout ce qui se passait à la cour de Numitor et d'Amulius, et qu'il nous représente Romulus et Rémus comme deux princes très-bien élevés (11). Nous ne savons pas non plus si les Étrusques, qui enseignèrent aux Romains tant de pratiques religieuses, leur donnèrent quelques leçons utiles en matière d'administration. Tite-Live s'est peut-être involontairement souvenu des Grecs lorsqu'il appelle *scribe* ou *greffier* le ministre de Porsenna, qui, placé auprès de son maître et presque aussi richement vêtu que lui, reçut de Mucius Scævola le coup destiné au roi défenseur des Tarquins (12). Ce qu'on peut affirmer, c'est que l'histoire de la république, dont il nous reste des récits plus longs et plus sûrs que de la première royauté, ne nous offre aucun office qui rappelle celui de l'épistolographe macédonien. Cornélius Népos en fait même la remarque expresse à propos d'Eumène : la charge de secrétaire était bien autrement honorable et honorée chez les Grecs que chez les Romains (13). « Chez les Romains, dit-il, on les « traite comme des mercenaires, ce qu'ils sont en effet. »

Tels étaient apparemment les scribes que le Sénat employait pour la rédaction de ses procès-verbaux et pour l'expédition des affaires, et que l'on renvoyait de la séance lorsqu'il y avait à traiter quelque affaire qui exigeât le secret (14). Il les faut bien distinguer des commissaires spéciaux et tous sénateurs qui assistaient à la rédaction des sénatus-consultes (*scribundo aderant*), et dont la présence en garantissait l'authenticité (15). Les pontifes aussi avaient des scribes, assez considérés, à ce qu'il semble, puisqu'on les appelait *minores pontifices* (16). Les principaux magistrats civils en avaient également, les questeurs surtout, pour l'administration des finances ; ces scribes étaient organisés en décuries ou en bureaux, dont la direction, sous le titre de *scriptus*, formait un office transmissible et vénal (17). Les rédacteurs, les copistes et les dépositaires de tant d'actes importants pour la religion, pour les finances et pour la politique de Rome, prenaient, par la force même des choses, une certaine part d'influence dans le gouvernement. L'histoire du célèbre scribe

Flavius, qui, vers l'an 307 avant Jésus-Christ, divulgua le secret des formules, et qui ainsi accomplit ou provoqua une
véritable révolution dans le droit romain, prouve quelle
responsabilité pesait sur de tels fonctionnaires (18). Il est
d'autant plus étonnant que Rome n'en ait pas mieux assuré
le recrutement, et qu'elle les ait laissés presque tous et si
longtemps dans une condition d'infériorité sociale qui les
invitait trop peu à s'honorer eux-mêmes par les recomman-
dations du talent et du caractère. Cicéron se plaint encore
de ce qué les scribes, qui avaient entre leurs mains la fortune de la République, étaient, en général, des gens de peu
de valeur; et pourtant, quelques années plus tard, au temps
d'Horace, on voit que le *scriptus quæstorius* donnait accès
au rang de chevalier. Horace, après sa malheureuse cam-
pagne de Philippes, ne dédaigna pas ce moyen de refaire sa
fortune; ce fut une fonction de chef de bureau qui l'achemina
vers la faveur de Mécène, puis vers celle d'Auguste, et l'on
voit, par les confidences même du poëte, que cette fonction
mêlait encore quelques soucis aux loisirs de sa prospérité (19).

L'esprit de l'aristocratie romaine et la nature des institutions qu'elle a fait durer pendant cinq siècles, expliquent
assez comment les hommes qui tenaient la plume (qu'on me
permette cet anachronisme) pour le Sénat ou pour les magistrats de Rome s'élevèrent si lentement et s'arrêtèrent si
loin d'une autorité véritable. D'abord, par instinct et par
tradition, le patriciat dédaignait les lettres et les lettrés;
puis ces pouvoirs mobiles du consulat, de la préture, de la
questure, de l'édilité, de la censure, ne comportaient guère
au-dessous d'eux que des bureaux d'expédition, où pouvaient se perpétuer et se perfectionner les règles d'une ad-

ministration savante, mais où la personne même d'un chef
habile de service n'avait guère le moyen de se produire au
grand jour. Les hommes y restaient ce que voulait leur
place, de modestes et obscurs instruments dans la main des
grands citoyens que Rome appelait tour à tour au timon de
l'État.

Quand ces grands citoyens se lassèrent eux-mêmes de
servir comme magistrats annuels la fortune de leur patrie,
quand l'action personnelle d'un Scipion ou d'un Sylla tendit
à se perpétuer en dominant le jeu des institutions républi-
caines, la fortune des scribes suivit celle de leurs maîtres.
Les scribes et surtout les secrétaires intimes d'un César ou
d'un Octavien devinrent des coopérateurs moins dédaignés
et plus apparents de cette nouvelle politique. A mesure aussi
que s'augmenta le goût pour les arts de l'esprit, et qu'on
rechercha davantage pour les fonctions de secrétaire des
hommes déjà honorés par leurs succès littéraires, ces fonctions acquirent un surcroît de lustre et de crédit. Lorsque
César Auguste demandait à Mécènes de lui céder Horace
pour secrétaire, et qu'il offrait au poëte d'échanger « la table
d'un favori contre celle d'un prince (20), » apparemment il
entendait adoucir par les égards dus au talent une dépen-
dance que, du reste, la discrétion du poëte sut habilement
décliner. Mais ce changement même dans les mœurs politi-
ques et sociales de Rome ne se fit pas d'un seul coup et sans
de lentes transitions qu'il est curieux d'étudier.

Saint-Simon parle quelque part, avec le dédain qui lui est
si familier, de ces petits légistes qui, assis sur le marchepied
du banc des seigneurs féodaux, dans leur conseil, se tenaient
prêts à leur fournir la réponse ou le texte de droit néces-

saire à la discussion (21). Je ne sais pas si tels furent, en effet, les commencements de cette magistrature parlementaire qui, après avoir humblement servi la royauté, finit par en balancer le pouvoir et contribua même à la renverser; mais je sais que la description de notre malicieux écrivain ne conviendrait pas mal au petit personnage que font d'abord dans l'histoire les secrétaires des Césars.

On connaît les vastes tombeaux, appelés *columbaria*, où venaient se ranger par centaines, dans des niches étroites, les urnes funéraires des esclaves et des affranchis de la famille impériale (22). C'est là que se trouvent les plus anciens souvenirs de ces hommes de confiance, choisis dans l'esclavage, où souvent ils demeurèrent toute leur vie, et qui, sous la dictée d'un Auguste ou d'un Tibère, écrivaient les ordres destinés à porter l'impérieuse volonté de Rome jusqu'aux limites du monde connu. Sur ces tombeaux, on rattachait d'ordinaire au nom de l'esclave celui de sa fonction, comme pour beaucoup d'autres services de la plus humble domesticité(23). Dans une inscription du règne de Tibère, je vois trois secrétaires, deux grecs et un romain, mentionnés parmi beaucoup d'autres domestiques de la maison des Césars, à côté d'un valet de chambre et d'un cuisinier (24)! On les appelait d'ordinaire *a manu*, locution d'où le latin vulgaire dériva, d'assez bonne heure, le méchant adjectif *amanuensis*, ou, plus rarement, *ad manum*, ou *ab epistulis*, ou selon la spécialité de leur emploi : *ab epistulis latinis*, quand ils servaient pour les lettres en latin ; *ab epistulis græcis*, quand c'était pour les lettres grecques (25) ; *ab actis*(26), quand c'était pour les procès-verbaux d'un conseil privé ou public, ou pour la rédaction d'un journal de dépense. De bonne heure aussi on s'habitua à les nommer *notarii*, à cause des signes, *notæ*, dont ils faisaient usage pour sténographier la parole (27). Ces hommes-là étaient souvent initiés à d'importants secrets; ils n'en étaient pas toujours dignes, et, en cas d'infidélité, de cruels supplices pouvaient punir leur faute. Thallus, secrétaire d'Octave, avait reçu 500 deniers pour livrer une lettre; Octave (c'était alors le temps du triumvirat) lui fit, dit-on, briser les deux jambes (28). D'ordinaire, cependant, on devait choisir avec soin ces esclaves ou ces affranchis confidents nécessaires et journaliers de leur maître; l'habitude de s'entretenir avec eux donnait à la confiance quelque chose d'affectueux et de familier; tout contribuait ainsi à relever leur emploi, à étendre leur action au delà des étroites limites où elle semble d'abord renfermée. Dès le siècle de Cicéron, on employait, pour la correspondance politique, des alphabets particuliers et secrets, ce que nous appellerions aujourd'hui des *chiffres* (29). Les maîtres, surtout les princes, ne pouvaient guère s'en réserver strictement l'usage, et si un scribe avait, en cela même, les secrets du cabinet impérial, on devine combien une telle confiance devait accroître l'importance de sa fonction. Enfin, le prince, qui fondait son pouvoir sur le cumul des principales magistratures de l'ancienne république, se trouvait avoir la haute main sur les décuries de scribes depuis longtemps attachées au service de ces magistratures. Comme souverain pontife, par exemple, il dirigeait, sans intermédiaire, les *minores pontifices* dont nous parlions plus haut; sans relever aussi directement de lui, les services des finances et de la guerre avaient des rapports journaliers et nécessaires avec le cabinet du souverain. Au temps surtout où Dion Cassius (30) déclare qu'il lui est fort difficile de distinguer entre le trésor public (*ærarium*) et le trésor de César (*fiscus*), on comprend combien tous ces services divers tendaient à se centraliser sous l'action du pouvoir impérial. D'un autre côté le nombre des affaires allait croissant toujours avec celui des provinces, et à mesure que les provinces s'habituaient davantage à demander des ordres d'en haut pour les moindres de leurs affaires intérieures. On a trouvé, dans une ville d'Italie, une inscription constatant que trois pieds et demi de terrain sont concédés à des portefaix *par ordre de l'empereur Auguste* (31). On sait à quelles minuties descend Pline le Jeune lorsqu'il consulte Trajan sur le détail de son gouvernement en Bithynie : pour les plus simples mesures il lui faut les ordres ou au moins les conseils de l'empereur, dont il a pourtant la confiance et même l'amitié. Sans parler de ces minuties, le seul service des *rescrits* sur les matières législatives augmentait chaque jour d'importance, depuis qu'il n'y avait plus de plébiscites, et que le sénat intervenait plus rarement dans la confection des lois.

Tout cela devait exiger un nombre chaque jour plus grand de secrétaires subalternes pour seconder le secrétaire du chef de l'État ; de bonne heure il fallut, dans ce service central, établir une sorte de hiérarchie dont le chef, sans s'élever aux fonctions d'un véritable ministre et sans y prétendre, dut, de bonne heure aussi, avoir une véritable autorité dans les conseils du prince.

Au début d'un rescrit de l'an 407, Arcadius et Honorius déclarent, sur ce ton d'emphase qui était alors consacré dans le style officiel, que « la gloire de leur chancellerie a déjà été honorée par d'innombrables lois (32). » Ce qui reste de ces lois remplit aujourd'hui un titre du code Théodosien et un titre du code Justinien, mais aucune ne remonte au delà du IVe siècle, et c'est seulement à l'aide de témoignages indirects et très-divers que nous pouvons suivre les premiers progrès d'une fonction devenue si considérable, au siècle même de la décadence, qu'elle est formellement placée par Julien au second rang des fonctions publiques après la direction des armées (33).

Déjà la place offerte par Auguste au poëte Horace devait être fort supérieure à celle d'un simple scribe comme Thallus. Sous le règne de Claude je vois un affranchi de ce prince avec le titre de *scriniarius ab epistulis*, qui avait par conséquent la direction ou la garde du portefeuille de la correspondance. Ce personnage a lui-même des affranchis, et tient, à ce qu'il semble, un assez grand état dans le monde (34). Sous les règnes de Nerva et de Trajan les fonctions de secrétaire de l'empereur sont exercées à trois reprises par un ancien tribun militaire, qui obtient du Sénat les insignes d'une préture honoraire, *ornamenta prætoria* (35). Hadrien est le premier qui, au témoignage de son biographe, ait confié le service « des lettres et des requêtes » à des chevaliers romains (36). Dans ce témoignage même ne voit-on pas se marquer nettement une première division entre les employés romains de la chancellerie impériale? Bientôt, sous le règne de Commode et sous celui de Septime Sévère s'établiront les traditions d'un avancement régulier, qui fera passer les conseillers du préfet de Rome à la chancellerie de l'empereur, et de la chancellerie les élèvera à la préfecture de la ville. Quelques années plus tard, nouveau progrès, attesté par le biographe d'Alexandre Sévère: nous entrevoyons l'organisation d'un véritable conseil où préside l'empereur pour l'expédition des ordres et des dépêches (37).

La faveur des Grecs appelés à ce service ne fut pas moins rapide que celle des Romains : de Néron à Trajan, voici un rhéteur alexandrin, nommé Denys, qui exerce (successivement, je pense) les fonctions de « directeur des bibliothèques et celles de préposé à la correspondance, aux ambassades et aux rescrits (38). » Sous Marc-Aurèle et Lucius Vérus, un certain Cornélianus arrive, par son talent d'avocat et de juriste, à la place de secrétaire (ἐπιστολεύς) des Césars et à la direction supérieure des affaires pour les provinces grecques de l'empire ; à ce dernier titre il a pu être appelé sans flatterie, par un grammairien qui était de ses clients, le coopérateur (συνεργός) des princes (39).

On ne saurait affirmer que tous les secrétaires intimes des empereurs, surtout les secrétaires grecs, aient eu depuis ce temps des attributions aussi importantes ; mais si ce ne fut pas là une règle, ce fut, du moins, un exemple assez fréquent. On ne saurait non plus, quand on rencontre sous le même règne un Latin qualifié de *magister epistolarum*, et un Grec de προστάτης βασιλικῶν ἐπιστολῶν, déterminer lequel des deux était le véritable chef de toute la chancellerie, ou s'ils avaient, dans l'ensemble du service, des fonctions simplement voisines et parallèles. Il est probable, en général, que tour à tour un Grec ou un Romain avait le pas sur ses collègues, selon qu'en décidait la faveur du prince, plus puissante naturellement sur ce terrain que sur aucun autre (40). Quoi qu'il en soit, à cet égard, il est intéressant de recueillir dans les auteurs et sur les monuments les noms des principaux personnages désignés comme secrétaires des Césars pendant la durée

du IIe et du IIIe siècle de l'ère chrétienne. A ces noms se rattache souvent la mention précise de fonctions qui, soit à Rome,
soit dans les provinces, donnaient à leurs titulaires une certaine part de l'autorité active. Outre ceux que nous avons
déjà nommés plus haut, énumérons rapidement :

Maxime d'Égée (41).

Celer, sophiste grec, malgré son nom latin, « chef de la
correspondance impériale sous Hadrien ». C'est probablement
le même qui, avec son nom plus complet de Caninius Celer,
figure dans l'Histoire Auguste parmi les maîtres de Lucius
Verus (42).

C. Julius Vestinius, d'abord précepteur d'Hadrien, puis
son secrétaire, puis directeur des bibliothèques de Rome,
puis grand-prêtre de toute l'Égypte et administrateur du
Musée d'Alexandrie (43).

Avidius Héliodorus, rhéteur d'abord, et ensuite secrétaire
d'Hadrien, puis gouverneur d'Égypte, qui fut le père de
cet Avidius Cassius destiné au court et périlleux honneur
de l'usurpation (44).

Suétonius Tranquillus, ou Suétone, l'historien érudit,
ami de Pline le Jeune, qualifié de *magister epistolarum* par le
biographe d'Hadrien qui le mentionne pour une disgrâce du
palais (45).

Alexandre de Séleucie, secrétaire de Marc-Aurèle (46), de
ce prince qui, au jugement d'un sophiste non suspect de
flatterie, n'avait pas besoin d'une main étrangère pour écrire
en grec de fort belles lettres (47). — On connaît encore un
employé secondaire de la chancellerie sous ce règne, T. Au-
rélius Égathéus (48).

Hadrien de Tyr, sophiste éminent, que l'on plaint d'avoir

été le secrétaire d'un monstre tel que Commode. Il avait laissé divers ouvrages, entre autres un recueil de lettres dont le titre seul nous est parvenu (49).

Antipater d'Hiérapolis, secrétaire de Septime Sévère et de Caracalla (5o).

Aspasiu de Ravenne, secrétaire de Caracalla (51).

Le jurisconsulte Paul, *magister memoriæ*, vers le même temps, on ne sait pas au juste sous quel règne.

Le jurisconsulte Ulpien, qualifié de *magister scrinii* et de *consiliarius* auprès d'Alexandre Sévère (5a).

Ne dirait-on pas que je viens de lire quelque page d'un de ces annuaires modernes où sont énumérés les chefs d'une même administration sous plusieurs règnes successifs? L'Annuaire de la chancellerie romaine ne se continue pas long-temps pour nous avec cette précision instructive; néanmoins je puis encore, pour les règnes suivants et à d'assez longs intervalles, citer quelques noms que l'histoire a conservés. Tels sont : Mnesthée, affranchi et secrétaire intime d'Aurélien. auteur de la conspiration dont ce prince périt victime, triste exemple de la contagion de violence qui, dans ce siècle de fer, semblait avoir tout envahi (53); Junius Calpurnius, *magister memoriæ* sous le règne éphémère de Carus (54); Nymphidianus de Smyrne, secrétaire de Julien l'Apostat, l'un des rédacteurs de tant de rescrits célèbres dans l'histoire des lettres et de la religion (55).

Dans cette énumération, si incomplète qu'elle soit, on a sans doute remarqué combien les savants et les rhéteurs abondent. La chose, au fond, est assez naturelle : le chef d'un ou de plusieurs bureaux dans la chancellerie n'était pas un officier de l'ordre purement administratif; s'il avait

des talents littéraires, il en pouvait trouver quelque emploi dans sa fonction même.

Déjà le roi de Syrie Séleucus disait qu'on ne ramasserait pas par terre une couronne, si l'on savait toutes les lettres qu'un prince doit dicter, toutes celles qu'il lui faut lire (56). Or qu'était-ce que le royaume de Syrie auprès de l'empire des Césars? Quel prince, si actif et si habile qu'il fût, aurait suffi seul aux devoirs d'une correspondance comme celle que nécessitait le gouvernement du monde romain (57)? Bien des lettres devaient donc être rédigées par le seul secrétaire et soumises ensuite à l'approbation de l'empereur. Il en fallait mesurer l'étendue, varier le ton et le style, selon bien des convenances de temps, de lieu, de personnes. De là des règles de chancellerie, dont on trouve la trace dans quelques témoignages de l'antiquité. On y voit que Philostrate l'Ancien avait publié contre son confrère Aspasius, secrétaire d'un empereur, un traité *de l'Art d'écrire des lettres*, où il lui reprochait deux défauts également fâcheux pour la dignité d'un César : l'abus des formes oratoires et l'obscurité (58). Cornélianus, le secrétaire de Marc-Aurèle, pensait aussi, apparemment, qu'un tel prince devait parler le plus pur attique à ses sujets grecs, car c'est lui qui avait commandé au grammairien Phrynichus un Manuel de l'atticisme dont l'abrégé est parvenu jusqu'à nous (59). La correspondance même de Fronton et de ses disciples, et, plus tard, les Lettres de Julien ne sont-ils pas des exemple du soin que l'on donnait dans le palais des Césars, au style épistolaire?

Au reste, et pour le dire en passant, les calligraphes de la chancellerie impériale n'avaient pas moins bonne réputation que les secrétaires atticistes, et leur belle écriture paraît

avoir été presque proverbiale au temps de Plutarque (60).
Mais le talent des secrétaires d'empereurs ne trouvait pas
seulement à s'exercer dans la rédaction des dépêches. En
devenant l'administrateur et le justicier suprême du monde,
l'empereur était devenu une sorte d'orateur suprême, chargé
de parler aux peuples et de les entretenir sur leurs intérêts
et sur leurs devoirs, comme faisaient jadis les orateurs dans
des États libres. Commander n'eût pas toujours suffi : il fallait
justifier la loi par d'habiles considérants ; il fallait louer les
uns, blâmer les autres ; il fallait, par la séduction d'un langage grave et digne, calmer certaines colères, ou prévenir
certaines résistances. Il y avait lieu souvent de répondre à
des ambassadeurs ou de rendre compte au sénat de quelque
grand succès militaire ou de quelque importante mesure de
gouvernement. Voilà ce que nous apprend un homme initié
de fort près à toutes ces difficultés du métier royal, le précepteur de Marc-Aurèle et de Vérus (61) ; voilà ce qui nous
est attesté par un exemple authentique et mémorable, le discours de Claude, dont la plus grande partie se conserve encore sur les célèbres tables de Lyon. Fronton, qui avait lu
bien d'autres discours de ce genre, nous apprend aussi avec
quels succès divers les empereurs, depuis César jusqu'aux
Antonins, ont rempli cette partie de leur tâche ; comment
parlait Auguste, comment Tibère ou Vespasien, non pas chez
Tacite, cet admirable et trop peu fidèle interprète de l'éloquence de ses personnages, mais dans l'histoire et en réalité.
En même temps qu'il loue affectueusement l'habileté oratoire
de ses deux élèves, Fronton plaint le malheur des hommes
d'État obligés de recourir pour leurs discours à l'éloquence
d'autrui. Ainsi, dit-il, jadis Ventidius, vainqueur des Parthes,

avait emprunté la main d'un écrivain de profession pour rédiger le récit officiel de ses campagnes; ainsi l'honnête Nerva
exposait et justifiait ses actes devant le Sénat avec des paroles
d'emprunt, *verbis rogaticiis* (62). De même, selon Tacite,
l'empereur Othon usait pour les affaires civiles du talent de
Galérius Trachalus, orateur alors célèbre, dont le style plein
et sonore se reconnaissait assez facilement dans les harangues
impériales (63). De même encore Ælius Vérus n'avait, dit-on,
rédigé qu'avec l'aide de ses secrétaires et de ses maîtres
d'éloquence certaine harangue qu'il devait réciter à son père
adoptif, Hadrien, le premier jour de l'an, et que la mort
l'empêcha de prononcer (64). Enfin, Antonin le Pieux passait pour n'avoir pas écrit lui-même les discours qui cir-
culaient sous son nom (65). Ce n'est donc pas chose neuve
que la participation, si fréquente et beaucoup plus sérieuse
chez nous, des ministres aux *discours du trône*. L'antiquité
nous en offre déjà des exemples, et ces exemples durent être
fort nombreux au temps du principat militaire, lorsque
si souvent les armées couronnaient un soldat grossier ou
même un barbare; lorsque le hasard d'incessantes révolutions
plaçait ou laissait sur le trône « quelque César imberbe qui
ne pouvait signer un ordre sans que son maître d'écriture
lui dirigeât la main ». Je traduis ici (et peut-être dois-je en
avertir,) la plainte étrange et presque comique d'un sénateur
romain de ce temps (66).

On peut conjecturer que le secrétaire lettré d'un empereur trouvait encore quelque autre occasion d'utiliser offi-
cieusement ses talents au service de son maître. Beaucoup de
princes, dans l'antiquité, ont laissé des récits historiques de
leur vie. Auguste, par exemple, Hadrien et Septime Sévère

écrivirent de ces ouvrages que déjà on appelait quelquefois *Memoriæ*, d'un nom qui nous semble moderne (67). Or, si Salluste se faisait aider par un grammairien pour ses travaux d'annaliste (68), on peut croire qu'un empereur ait souvent employé le zèle d'un secrétaire, soit à recueillir les ma-tériaux, soit à corriger le style de ses Mémoires. Les frag-ments précieux que nous lisons aujourd'hui sous le titre de *Mémoires de Louis XIV*, et où les éditeurs signalent çà et là la main de l'honnête et correct écrivain Pellisson, nous lais-sent deviner ce que pouvait être ce genre de discrète colla-boration (69).

Mais nous pouvons, autrement que par des conjectures, apprécier la part que prenaient les secrétaires des rois grecs et des empereurs romains à la rédaction de leurs dépêches ou de leurs autres écrits. Nous possédons encore aujourd'hui beaucoup de documents qui émanent, plus ou moins direc-tement, des chancelleries du monde ancien.

Et d'abord, grâce à l'usage si commun chez les Grecs et chez les Romains de faire graver sur marbre ou sur bronze les actes officiels, beaucoup de ces actes, et entre autres beau-coup de lettres, se sont conservés dans des inscriptions.

Je rappelais tout à l'heure les Mémoires d'Auguste. Le ré-sumé qui s'en trouve, sous la forme d'une sorte de testament politique, sur le monument d'Ancyre, n'est pas tout entier de la main de cet empereur. Il a lui-même indiqué l'endroit où il en arrêta la rédaction : *Hæc scripsi cum annum agebam septuagesimum sextum ;* mais, à la suite, un de ses secré-taires évidemment a écrit quelques lignes encore qui pré-sentent le total des dépenses et des travaux publics sous ce long règne.

Parmi les dépêches qui nous sont parvenues de la même manière, soit en grec, soit en latin, quelquefois dans les deux langues, j'indiquerai rapidement, et en me bornant aux plus intéressantes :

1º Une lettre du roi Séleucus aux Milésiens, qui accompagnait l'envoi de riches offrandes pour un temple de leur ville, et qui contient la liste de ces offrandes (70) ;

2º Une lettre du roi Lysimaque aux Samiens, à propos d'une contestation relative aux frontières du territoire de Samos et du territoire de Priène (71) ;

3º La réclamation des prêtres d'Isis, à Philæ, au roi Evergète II, contre les vexations d'un corps de troupes cantonné dans leur île ; et la réponse favorable de Numénius, l'épistolographe, à cette requête (72) ;

4º Deux dépêches, malheureusement mutilées, de l'empereur Auguste, l'une aux habitants de Mylasa, l'autre aux habitants de Cnide (73) ;

5º Un rescrit de Vespasien, adressé à une ville de Bétique (74) ;

6º Une courte dépêche de Marc-Aurèle aux chefs d'une corporation religieuse de l'Asie Mineure, en réponse aux compliments qu'il en avait reçus à propos de la naissance d'un prince (75) ;

7º Une dépêche de Septime Sévère et de Caracalla, portant concession d'immunités à un sophiste de Smyrne nommé Claudius Rufinus (76) ;

8º Les pièces, moitié grecques, moitié latines, relatives au territoire du temple de Jupiter, dans la ville d'Æzania (77).

Les papyrus grecs de l'Égypte contiennent plusieurs pièces rédigées dans la chancellerie ptolémaïque. Telle est une lettre qui paraît du règne de Ptolémée Physcon et de l'an 119 avant Jésus-Christ. C'est une circulaire qui signale à la sévérité des gouverneurs de provinces des concussions et des injustices commises par les publicains : on voit que, même sous un assez mauvais prince, l'administration égyptienne n'oubliait pas tous ses devoirs. Cette pièce appartient au musée du Louvre.

Le texte des auteurs anciens renferme aussi bon nombre de ces documents. Tout le monde connaît les lettres de Philippe conservées dans les discours de Démosthène. Voici un fragment de la correspondance administrative des Séleucides que je trouve chez le compilateur Athénée et que je vais transcrire pour sa singularité piquante.

« Antiochus (on pense que c'est Antiochus VI) à Phanias (gouverneur d'Antioche), salut. Nous t'avons déjà écrit pour qu'aucun philosophe ne demeurât dans la ville ni dans le pays. Or nous apprenons qu'il s'y en trouve encore et que la jeunesse pâtit parce que tu n'as rien accompli de nos ordres. Dès que tu auras reçu cette lettre, fais aussitôt publier que les philosophes aient à vider le territoire. Les jeunes gens que l'on surprendra auprès d'eux seront frappés de verges, et leurs parents seront punis avec la dernière rigueur. Qu'il soit fait selon notre volonté (78) ! » On dirait quelque contrefaçon, hyperbolique jusqu'à l'invraisemblance, du décret par lequel, un peu avant Antiochus VI, le sénat de Rome avait expulsé les rhéteurs et les philosophes (79). Dans le Xe livre de ses Lettres, livre uniquement rempli par des lettres d'affaires, Pline le Jeune a inséré sa correspondance avec Trajan au sujet des chrétiens d'Asie. A comparer Antiochus et Trajan, il semble vraiment que le persécuteur des chrétiens soit moins cruel encore que le persécuteur des philosophes.

Mais, quels que soient le nombre et l'importance des documents que je viens de rappeler, le recueil qui nous intéresse le plus à cet égard est encore celui des biographies d'empereurs connu sous le nom de *Scriptores historiæ Augustæ*. Là de modestes compilateurs, moins sûrs de leur génie que ne l'étaient jadis un Tite-Live et un Tacite, et uniquement curieux d'une minutieuse vérité, que d'ailleurs ils ne savent pas toujours atteindre (80), insèrent souvent dans leur récit des actes authentiques provenant des archives de l'empire romain, des lettres, des discours, des sénatus-consultes, extraits des procès-verbaux du Sénat, ou de ce précieux registre d'ivoire que l'on conservait, à Rome, dans la bibliothèque Ulpienne (81), ou enfin copiés dans des recueils spéciaux que composaient déjà certains officiers du palais (82). Parmi ces pièces, plusieurs ont un caractère tout familier : non-seulement elles émanent du cabinet de l'empereur, mais, écrites ou dictées par lui, elles ne devaient rien à l'habileté de son secrétaire. C'est ce qu'atteste formellement Trébellius Pollion pour une lettre de Claude le Gothique (83), c'est ce que l'on peut deviner pour plusieurs autres. Par exemple, Hadrien seul a écrit la lettre où sont dépeintes avec tant de vérité les mœurs bizarres et turbulentes des Alexandrins (84) : j'y reconnais cette malice d'un bel esprit qui, trop souvent, devenait cruel devant d'inoffensives contradictions. Nul autre que Septime Sévère n'a dicté cette menaçante dépêche aux sénateurs où sont tournées en amère dérision les manies littéraires d'un de ses concurrents à l'empire (85) : Sévère y montrait son âme, *ostendit animum suum*, dit avec raison l'historien; en effet, on y sent la rude énergie du soldat qui put être, un jour, salutaire au monde en ressaisissant avec vigueur le faisceau des forces militaires de l'empire près de se dissoudre dans l'anarchie.

D'autres pièces sont moins caractérisées par le ton et par ce cachet moral que l'improvisation personnelle imprime toujours au style d'une lettre; celles-là peuvent nous donner une idée du style officiel de la chancellerie. D'autres enfin émanent notoirement des secrétaires eux-mêmes en l'absence des empereurs : tel est ce fragment de la dépêche que je vais traduire, et où le *magister memoriæ* de l'empereur Carus apprend au préfet de Rome la mort de son maître, subitement frappé au début d'une expédition contre les Perses (86) :

« Carus, notre prince vraiment *cher* (il joue sur le double
« sens du mot *Carus*), était malade, lorsque soudain éclata
« une si violente tempête que l'obscurité nous enleva tous à
« la vue l'un de l'autre; puis les éclairs et les tonnerres bril-
« lant sans interruption, comme des astres de feu, nous
« ôtèrent à tous la connaissance de ce qui se passait. Soudain
« on cria que l'empereur était mort, et cela précisément
« après un coup de tonnerre qui avait tout ébranlé. Ajoutez
« que les chambellans, dans leur émotion, mirent le feu à la
« tente du prince. Ainsi s'est formé le bruit qui attribue sa
« mort à la foudre, et pourtant, si nous sommes bien
« informé, il est mort de maladie. »

Familiers ou officiels, tous ces documents sont précieux pour l'histoire; tous attestent, par leur conservation même, la régularité d'un service depuis longtemps organisé auprès de la personne des Césars, et qui s'y maintenait malgré les fréquentes secousses des révolutions.

Mais il y a deux pièces qui brillent d'un éclat particulier dans ce recueil, grâce au double souvenir qu'elles consacrent; je veux dire la lettre d'Aurélien à Zénobie et la réponse de Zénobie à Aurélien (87). On me permettra de citer encore ces deux courts et précieux documents :

« Aurélien, empereur de l'univers romain et nouveau conquérant de l'Orient, à Zénobie et à ses alliés dans la guerre.

« Tu aurais dû faire de toi-même ce qu'aujourd'hui ma lettre t'ordonne. Je t'enjoins de te rendre, en te promettant la vie, et à condition, Zénobie, que tu vivras avec tes alliés là où je t'aurai placée d'accord avec l'illustre Sénat (de Rome). Tu remettras en nos mains tes pierres précieuses, ton argent, ton or, tes étoffes de soie, tes chevaux et tes chameaux. Les Palmyréniens garderont l'usage de leurs lois. »

Cette lettre était en grec; la reine de Palmyre répondit dans sa langue, qui était un dialecte du syriaque :

« Zénobie, reine de l'Orient, à Aurélien, Auguste :

« Personne encore autre que toi ne m'a demandé par lettre ce que tu réclames. C'est au courage à décider dans toutes les choses de la guerre. Tu veux que je me rende, comme si tu ne savais pas que la reine Cléopâtre aima mieux mourir que de vivre en toute autre dignité. Le secours des Perses ne me manque pas, et déjà je l'attends. Avec nous sont les Saracènes, avec nous les Arméniens. Les brigands de Syrie, Aurélien, ont vaincu ton armée; que sera-ce si arrivent à nous les bandes que j'attends de tous côtés? Alors sans doute tu rabattras de cet orgueil avec lequel, aujourd'hui vainqueur, tu m'ordonnes de me rendre. »

Le philosophe Longin, maître de Zénobie pour les lettres grecques, avait, dit-on, dicté cette noble réponse. Après la prise de Palmyre il paya de sa tête l'honneur d'avoir si bien exprimé les sentiments virils dont Zénobie lui donnait l'exemple. Nous trouvons encore dans le même historien une lettre de l'empereur où ce prince avoue les cruelles représailles exercées en son nom contre les défenseurs de Palmyre et dont Longin fut la plus illustre victime.

Le nom de Longin nous inviterait, ce semble, à chercher ce que furent, comme écrivains et en dehors de leurs fonctions officielles, ces philosophes, ces historiens, ces rhéteurs ou ces jurisconsultes devenus secrétaires des princes. Plusieurs, en effet, ont laissé des ouvrages qui nous sont parvenus.

On aimerait à savoir si c'est après ou avant sa disgrâce que Suétone écrivit les *Douze Césars*, si c'est à Palmyre que Longin rédigea quelques-uns de ses livres philosophiques. Les *Césars*, ce livre d'une véracité froidement impartiale, sont-ils une revanche de l'indiscrétion d'un courtisan humilié, ou témoignent-ils seulement de la liberté qu'Hadrien permettait sans réserve à l'historien de ses prédécesseurs? En tous cas, il est certain que Suétone avait largement profité pour ses recherches de l'accès facile qu'il dut avoir auprès des bibliothèques et des plus secrètes archives de l'empire. Il en avait même profité plus que ne le laissent voir les *Césars*. Ses petites biographies des rhéteurs, des grammairiens et des poëtes, et les fragments de ses ouvrages perdus, supposent le même goût pour les curiosités anecdotiques. Suétone avait encore écrit un livre dont l'unique fragment, conservé par Priscien, ne suffit pas à nous montrer le sujet, mais dont le titre semble indiquer des recherches sur l'origine même des offices du palais (88). Qui sait si l'on n'y trouvait pas l'histoire même de la fonction que l'auteur a remplie auprès d'Hadrien ?

Le *Traité du Sublime*, que, malgré bien des raisons de doute, l'opinion commune s'obstine à tenir pour une œuvre de Longin, ce traité empreint d'un si noble sentiment de la dignité humaine, nous vient-il de la cour de Palmyre et doit-il quelque chose au génie oriental heureusement associé avec le goût exquis de la Grèce ? Je ne saurais le dire ; du moins il faut reconnaître que la critique y montre une sorte d'impartialité alors assez nouvelle dans les écoles : c'est la première fois qu'on plaçait ainsi Moïse à côté d'Homère et qu'on louait éloquemment Cicéron à côté de Démosthène.

Au reste la plupart des lettrés, surtout les lettrés grecs, que les empereurs appelaient au secret de leurs conseils, n'étaient pas des Longins. Ils appartiennent d'ordinaire à cette classe de sophistes frivoles dont Philostrate et Eunape ne se sont faits les historiens que parce qu'ils les ont trop admirés. La gravité de leurs fonctions auprès du prince contraste singulièrement avec la futilité de leurs occupations habituelles. Ces hommes accoutumés aux petits triomphes de l'école ou de la place publique, déclamateurs de profession, puristes jusqu'à l'afféterie, vivant par le souvenir et l'imagination avec les héros d'une liberté désormais impossible, se trouvaient, à ce qu'il semble, un peu dépaysés au milieu des devoirs de leur nouvelle charge ; et pourtant le choix même qu'un empereur faisait d'eux était un hommage rendu par le pouvoir à la science et aux lettres, un hommage qu'il faut apprécier dans l'abaissement commun des esprits sous l'empire romain.

Il serait donc intéressant, à cette occasion, d'examiner,

en général, quelles furent l'influence et l'autorité des hommes
de lettres sous un régime qui d'ailleurs laissait peu de place
au libre exercice de la pensée; mais cette étude excéderait
les limites du sujet que nous avons choisi.

Une question qui s'y rattache de plus près nous reste à
résoudre, avant de finir.

Nous avons souvent employé, dans le cours de ce Mémoire, les mots *secrétaire* et *chancellerie* pour désigner
des fonctions relatives au service de la correspondance impériale, et pourtant nous ne rencontrons dans aucun des textes
cités jusqu'ici le mot *secretarius* et le mot *cancellarius*. C'est
que l'origine de ces mots, fort ancienne d'ailleurs, est toute
différente. Le *secretarium* était, sous le Bas-Empire, un tribunal qui connaissait des causes capitales et siégeait à huis
clos, d'où lui venait son nom même, qui a pu s'étendre
aussi à des officiers chargés, dans l'enceinte du tribunal, soit
de la fonction de juge, soit de quelque fonction de police in-
térieure, comme celle de nos huissiers. Les barreaux ou *can-
celli*, qui entouraient, dès une époque assez ancienne, le pré-
toire d'un tribunal, ont aussi donné leur nom aux *cancellarii*,
chargés d'en écarter le public. Plus tard, sous le gouvernement des papes, le *secretarium* a désigné tantôt un tribunal secret, tantôt une salle d'archives pour les documents
officiels et pour les trésors de la basilique Vaticane (89). Le
sens des mots tend tour à tour à se généraliser ou à se res-
treindre : ici c'est par extension qu'il s'est modifié. On s'habitua peu à peu à employer le mot de *secretarius* pour tout
fonctionnaire dont le premier devoir était la discrétion, et le
mot de *cancellarius*, chancelier, pour le fonctionnaire qui
secondait spécialement le prince dans l'administration de la

justice, et, dans l'usage, le mot de *chancellerie* s'est étendu plus encore, jusqu'à signifier d'une manière générale tout le service des ordres ou dépêches qui émanent directement du cabinet d'un prince.

Si étrange donc que ce résultat puisse paraître, on voit, en ce qui concerne les origines de la secrétairerie d'État, que les choses et les mots qui les désignent ont eu des origines tout à fait distinctes. Singulier caprice du sort, qui, d'un côté, laisse périr les mots en maintenant la tradition des idées et des faits, et, de l'autre, impose à ces faits, à ces idées anciennes, des appellations jadis consacrées dans un tout autre sens!

NOTES.

(1) *Histoire des secrétaires d'État*. Paris, 1668. Saint-Allais, *de l'ancienne France*. Paris, 1834, t. II. Cf. Ch. Gombault, *Histoire des ministres d'Estat qui ont servy sous les rois de France de la troisième lignée*. Paris, 1668. A. Chéruel : *Histoire de l'administration en France*, t. I, p. 176, etc., et *Dictionnaire historique des institutions de la France*. Paris, 1855, au mot *Ministre*. — H. de Luçay : *Des Secrétaires d'État jusqu'à la mort de Mazarin*, 1661, dans la *Revue historique de Droit français et étranger*, t. I, p. 149-188.

(2) Code Théod. VI, 26; Code Just., XII, 19. Cf. Tzschucke, *ad Eutropium*, VIII, 23; *Notitia dignitatum*, ed. Böcking, p. 43 et 60, pour l'Occident; p. 38 et 49, pour l'Orient. Consulter, en outre, l'ample commentaire de l'éditeur. Voir aussi le livre III du traité de Lydus *sur les Magistrats romains*.

(3) Une inscription latine, qui paraît du IIe siècle de notre ère, mentionne un *librarius arabicus*. M. de Sacy a montré dans quel sens le mot *arabicus* doit y être interprété (Mémoires de l'Académie des Inscriptions, t. L, p. 316-317).

(4) Voir Galletti, *del Primicero della santa sede Apostolica*. Roma, 1776, 4°.

(5) *Des changements opérés dans toutes les parties de l'empire romain sous les règnes de Dioclétien, de Constantin et de leurs successeurs jusqu'à Julien.* Paris, 1817, t. I, p. 94, 224 et suiv.

(6) Franz, *Elementa epigraphices græcæ*, p. 316, 319. Plutarque atteste que le texte des décrets que Périclès avait proposés au peuple était le seul monument authentique qui eût survécu de l'éloquence de cet homme célèbre. (*Vie de Périclès*, c. 8.)

(7) *Sur la Couronne*, p. 305, éd. Reiske, § 235, 236. Cf. *sur l'Ambassade*, p. 352, § 36. Cf. G. Böhnecke, *Forschungen auf dem Gebiete der Attischen Redner*, I, 2. Berlin, 1843.

(8) Cornélius Népos, *Vie d'Eumène*, c. 1.

(9) Hist. XXXI, 3, § 16 (morceau conservé par Athénée, V, p. 195) : Ἑνὸς τῶν φίλων, Διονυσίου τοῦ ἐπιστολογράφου, χίλιοι παῖδες ἐπόμπευσαν ἀργυρώματα ἔχοντες ὧν οὐδὲν ἔλαττον ὁλκὴν (ou plutôt ἔλαττον᾿ ὁλκὴν) εἶχε δραχμῶν χιλίων.

(10) Tous les témoignages sur ce sujet ont été réunis par M. Letronne, *Inscr. grecques et latines de l'Egypte*, t. I, p. 279 et suiv.; 358 et suiv., et par J. Franz, Introduction aux inscriptions de l'Égypte, dans le *Corpus inscr. græc.*, t. III, p. 307.

(11) Denys d'Halic. *Antiq. Rom.* I, 75 et suiv.; II, 3 et suiv.

(12) Tite-Live, II, 12 : « Cum stipendium forte militibus daretur et scriba cum rege sedens pari fere ornatu, etc. » Cf. Denys d'Halic. *Antiq. Rom.* V, 28.

(13) *Vie d'Eumène*, c. 1 : « Eum (Eumenem rex Philippus) habuit scribæ loco, quod multo apud Græcos honorificentius est quam apud Romanos : nam apud nos revera, sicut sunt, mercenarii scribæ existimantur; at apud illos contrario nemo ad id officium admittitur, nisi honesto loco ac fide et industria cognitus, quod necesse est omnium consiliorum eum esse participem. »

(14) Jules Capitolin, *Vie des trois Gordiens*, c. 12 : « Hunc morem apud veteres necessitates publicæ repererunt ut...... senatusconsultum tacitum fieret ; ita ut non scribæ, non servi publici, non censuales illis actibus interessent ; senatores exciperent, senatores omnium officia censualium scribarumque complerent, ne quid forte proderetur. » Cf. Orelli, *Inscr. lat.* n. 2274, 3186, etc.

(15) Voir les exemples dans le recueil des *Reliquiæ latini sermonis vetustioris*, p. 127, 289, 290, etc.

(16) Tite-Live, XXII, 57. Cf. Orelli, n. 2437.

(17) Les principaux témoignages sur ce sujet sont indiqués dans le recueil des *Reliquiæ latini sermonis*, p. 284, à propos d'un fragment de loi sur les scribes, qui remonte au temps de Sylla ; Cf. Weber : Ueber die Römische *Scribæ*, eine Episode der Biographie des Horatius. (*Neue Jahrbücher* de Seebode, IX, Suppl. Band, p. 78-92.) M. Walckenaer, dans son *Histoire de la vie et des poésies d'Horace*, t. I, p. 239-240 de la 2ᵉ édition, fixe, un peu arbitrairement, je pense, à la 29ᵉ année de ce poëte, l'achat qu'il fit du *scriptus quæstorius*.

(18) Pomponius, *de Origine juris*, § 7. Cf. Tite-Live, IX, 46 ; Cicéron, *pro Murena*, c. 11 ; Aulu-Gelle, VI, 9, etc.

(19) In Verrem II, act. III, 78, 79 ; Suétone, *Vie d'Horace* : « Victis partibus, venia impetrata, scriptum quæstorium comparavit. » Horace, *Satires*, II, 6, v. 36.

(20) Suétone, *Vie d'Horace* : « ......Horatium nostrum a te cupio abducere.

Veniet ergo àb ista parasitica mensa ad hanc regiam, et nos in scribendis epistolis adjuvabit. » (Extrait d'une lettre d'Auguste.)

(21) *Mémoires*, t. XI, p. 375 de la première édition : « Ces légistes étoient des roturiers qui s'étaient appliqués à l'étude des lois…. Ils étoient assis sur le marchepied du banc des pairs et des hauts barons, etc. »

(22) Le seul Columbarium des affranchis et esclaves de la maison de Livie, dont Gori a publié les inscriptions (Florence, 1727), contenait plus de 300 urnes.

(23) Orelli, *Inscr. lat. coll.* n. 2437, 2931 (*a manu*), 2874 (*ad manum*).

(24) Inscription communiquée par M. E. Desjardins à M. Henzen et insérée par ce dernier dans son *Supplément au recueil d'Orelli*, n. 6651.

(25) Orelli, n. 1727, 2997, 3907.

(26) Orelli, n. 2273 : *ab actis imperatoris Trajani*. Voyez plus haut (note 14) des exemples de scribes *ab actis Senatus*.

(27) Voyez le texte de Lampride cité dans la note suivante. Cf. Orelli, n. 2876.

(28) Suétone, *Vie d'Auguste*, c. 67 : « Thallo *a manu*, quod pro epistola prodita denarios quingentos accepisset, crura effregit. » Cf. Lampride, *Vie de Diaduménien*, c. 9 : « Epistola per notarium prodita. ». Le supplice de Thallus rappelle le trop célèbre supplice infligé par Louis XI à son ancien secrétaire le cardinal La Balue. Voyez les *Mémoires de Comines*, t. I, p. 139 et 403, et t. III, p. 66, éd. Bruxelles, 1706.

(29) Cicéron, *ad Atticum*, XIII, 32; Suétone, *Vie de César*, c. 56; *Vie d'Auguste*, c. 64, 88; Aulu-Gelle, XVII, 9; Julius Victor, *Rhétorique*, c. 27 (à la suite des Scholiastes de Cicéron, éd. Orelli); Isidore, *Origines*, I, 24, § 2.

(30) Dion Cassius, LIII, 16 et 22.

(31) Orelli, *Inscr. lat.* n° 575, et Guarini, *Fasti Duumvirali della colonia di Pompeii*, p. 82.

(32) Code Théod., VI, 26, l. 14 : « Quamvis innumeris legibus scriniorum gloria decoretur, jubemus primo omnium sit eorum secura possessio ab omnibus sordidis muneribus excusata, etc. »

(33) Code Théod., VI, 26, l. 2 : « In rebus prima militia est, secundus in litterarum præsidiis pacis ornatus, etc. »

(34) Orelli, *Inscr. lat.*, t. III, n. 6350 (supplément publié par Henzen), inscription dont l'authenticité ne paraît pas suspecte, et qui contredit formellement un témoignage de Jean Lydus (*des Magistrats romains*, III, 31), d'après

lequel le mot *scriniarius* n'aurait pas été employé avant le règne de Constantin.

(35) Orelli, n. 801.

CN. OCTAVIVS TITINIVS CAPITO
PRAEF. COHORTIS. TRIB. MILIT. DONAT.
HASTA. PVRA. CORONA. VALLARI, PROC. AB
EPISTVLIS. ET. A. PATRIMONIO. ITERVM. AB
EPISTVLIS. DIVI. NERVAE. EODEM. AVCTORE.
EX. S. C. PRAETORIIS. ORNAMENTIS. AB. EPISTVL.
TERTIO. IMP. NERVAE. CÆSAR. TRAIANI. AVG. GER.
PRAEF. VIGILVM. VOLCANO D. D.

Cf. Pline le Jeune, *Epist.* I, 17 ; VIII, 12.

(36) Spartien, *Vie d'Hadrien*, c. 22 : « Ab epistolis et a libellis primus equites romanos habuit. »

(37) Spartien, *Vie de Pescennius Niger*, c. 7 : « Quod postea Severus et deinceps multi tenuerunt, ut probant Pauli et Ulpiani præfecturæ, qui Papiniano in consiliis fuerunt ; ac postea quum unus ad memoriam, alter ad libellos paruisset, statim præfecti facti sunt. » Voyez plus bas, note 52.

(38) Suidas, au mot Διονύσιος Ἀλεξανδρεύς, atteste que ce rhéteur, depuis le règne de Néron jusqu'à celui de Trajan (?), τῶν βιβλιοθηκῶν προὔστη καὶ ἐπὶ τῶν ἐπιστολῶν καὶ πρεσβειῶν ἐγένετο καὶ ἀποκριμάτων.

(39) Phrynichi *Ecloga vocum atticarum*, ed. Lobeck, p. 225 : Σὺ δὲ (il s'adresse à Cornélianus, comme le montre la préface du recueil) βασιλικὸς ἐπιστολεὺς ἐπιφανείς. P. 379, aux mots Τὰ πρόσωπα παρῆν ἀμφότερα, il loue Cornélianus d'avoir banni des tribunaux l'emploi de cette mauvaise locution : ἐξελληνίζων καὶ ἀττικίζων τὸ βασιλικὸν δικαστήριον καὶ διδάσκαλος καθιστάμενος οὐ μόνον αὐτῶν τῶν λόγων, οἷον χρὴ λέγειν, σχήματος καὶ βλέμματός καὶ φωνῆς καὶ στάσεως. Τοιγαροῦν σε τῶν μεγίστων ἀξιώσαντες οἱ τῶν Ῥωμαίων βασιλεῖς ἀνέθεσαν τὰ Ἑλλήνων ἅπαντα πράγματα διοικεῖν παριδρυσάμενοι φύλακα ἑαυτοῖς, λόγῳ μὲν ἐπιστολέα ἀποφήναντες, ἔργῳ δὲ συνεργὸν ἑλόμενοι τῆς βασιλείας.

(40) M. de Luçay, Mémoire cité plus haut, p. 156 : « Les attributions des agents du pouvoir étaient alors mal définies, ou plutôt c'était au degré de confiance qu'ils inspiraient au monarque que ces agents devaient la part qu'ils prenaient au gouvernement. » Voyez encore une observation semblable, p. 165. Toutes ces réflexions s'appliquent aussi justement à l'histoire de l'empire romain qu'à l'histoire de France.

(41) Philostrate, *Vie d'Apollonius de Tyane*, I, 12.

(42) Philostrate, *Vies des Sophistes*, I, 22, § 5 ; Jules Capitolin, *Vie de Lucius Vérus*, c. 2.

(43) Inscription publiée par Fabretti, heureusement commentée par M. Letronne (*Inscr. de l'Egypte*, l. c.), reproduite dans le *Corpus inscr. græc.* sous le n° 5900 ; elle a échappé à l'attention, ordinairement si exacte, de M. A. Westermann, dans la première partie de sa très-utile compilation, *de Epistolarum scriptoribus græcis* (*Lipsiæ*, 1851 et suiv. in-4°), p. 8.

(44) Letronne, *Inscr. de l'Egypte*, t. I, p. 129, 130.

(45) Spartien, *Vie d'Hadrien*, c. 11 : « Septicio Claro præfecto prætorii, et Suetonio Tranquillo epistolarum magistro, multisque aliis, qui apud Sabinam uxorem, injussu ejus, familiarius se tunc egerant, quam reverentia domus aulicæ postulabat, successores dedit. »

(46) Philostrate, *Vies des Sophistes*, II, 5, § 3 et 12.

(47) Préface des *Lettres de Philostrate*, en forme de lettre à Aspasius. On y voit aussi loué « Brutus *ou son secrétaire* » comme ayant donné des modèles du bon style épistolaire.

(48) Orelli, *Inscr. lat. coll.* n. 5009 (inscription grecque et latine). Fronton, p. 167, éd. Rom.

(49) Philostrate, *Vies des Sophistes*, II, 10, § 9. Suidas, au mot Ἀδριανός, où il lui attribue entre autres un recueil de lettres, sans doute de lettres purement sophistiques, comme il nous en est tant parvenu de l'antiquité. Je remarque aussi que Suidas l'appelle seulement ἀντιγραφεὺς τῶν ἐπιστολῶν.

(50) Philostrate, II, 24, § 1.

(51) Philostrate, II, 33, § 3.

(52) Lampride, *Vie d'Alexandre Sévère*, c. 26 : « Et consiliarius Alexandri et magister scrinii Ulpianus fuisse perhibetur. » C. 31 : « Post meridianas horas subscriptioni et lectioni epistolarum semper dedit operam, ita ut ab epistolis et libellis et a memoria semper assisterent : nonnunquam etiam si stare per valetudinem non possent, sederent, relegentibus cuncta librariis, et iis qui scrinium gerebant, ita ut Alexander sua manu adderet, si quid esset addendum ; sed ex ejus sententia qui disertior habebatur. »

(53) Vopiscus, *Vie d'Aurélien*, c. 36 : « Incidit ut... Mnestheum quemdam, quem pro notario secretorum habuerat, libertum, ut quidam dicunt, suum, infensiorem sibi minando redderet, etc. »

(54) Vopiscus, *Vie de Carus*, c. 8.

(55) Eunape, *Vies des Sophistes*, p. 177, ed. Boissonade.

(56) Plutarque, *Si un vieillard doit s'occuper des affaires d'Etat*, c. 11 : Τὸν

γοῦν Σέλευκον ἑκάστοτε λέγειν ἔφασαν εἰ γνοῖεν οἱ πολλοὶ τὸ γράφειν μόνον ἐπιστολὰς τοσαύτας καὶ ἀναγινώσκειν ὅσον ἐργῶδές ἐστιν, ἐρριμμένον οὐκ ἂν ἀνελέσθαι διάδημα.

(57) Voir le témoignage de Fronton, *de Eloquentia*, p. 234, éd. de Rome, qui sera cité plus bas.

(58) Philostrate, *Vies des Sophistes*, II, 33 : « Ἡ δὲ συγγεγραμμένη ἐπιστολὴ τῷ Φιλοστράτῳ περὶ τοῦ πῶς χρὴ ἐπιστέλλειν πρὸς τὸν Ἀσπάσιον τείνει, ἐπειδὴ παρελθὼν ἐπὶ τὰς βασιλείους ἐπιστολὰς τὰς μὲν ἀγωνιστικώτερον τοῦ δέοντος ἐπέστελλε, τὰς δὲ οὐ σαφῶς, ὧν οὐδέτερον βασιλεῖ πρέπον· αὐτοκράτωρ γὰρ δὴ ὁπότε ἐπιστέλλοι, οὐ δεῖ ἐνθυμημάτων, οὐδ' ἐπιχειρήσεων, ἀλλὰ δόξης, οὐδ' αὖ ἀσαφείας, ἐπειδὴ νόμους φθέγγεται, σαφήνεια δὲ ἑρμηνεὺς νόμου.

(59) Voir la préface de ce petit recueil adressée à Cornélianus, dont Phrynichus semble avoir été l'affranchi, peut-être le secrétaire. Fronton témoigne des mêmes scrupules en parlant à un César de son rôle d'orateur devant le peuple romain, p. 232, 244, etc., éd. Rom.

(60) Plutarque, *des Oracles de la Pythie*, c. 7 des éditions grecques-latines : Εἰ γράφειν ἔδει μὴ λέγειν τοὺς χρησμούς, οὐκ ἂν, οἶμαι, τοῦ θεοῦ τὰ γράμματα νομίζοντες ἐψέγομεν, ὅτι λείπεται καλλιγραφίᾳ τῶν βασιλικῶν.

(61) Ad Marcum Cæsarem, *de Eloquentia*, p. 234 : « Cæsareum est in Senatu quæ e re sunt suadere, populum de plerisque negotiis in concione appellare, jus injustum corripere, per orbem terræ litteras missitare, leges (A. Maï propose de lire *reges;* ce serait plutôt *legatos*) cæterarum gentium compellare, sociorum culpas dictis coërcere, benefacta laudare, seditiosos compescere, feroces territare, omnia ista profecto verbis sunt ac litteris agenda. » Cf. Lampride, *Vie d'Alexandre Sévère*, c. 25 : « Conciones in urbe multas habuit more veterum tribunorum et consulum. »

(62) Ad Verum, p. 180 et 181. Cf. p. 227, une belle réponse aux scrupules de M. Aurèle qui poussait l'austérité stoïcienne jusqu'à fuir les succès de sa propre éloquence.

(63) Histoires, I, 90 : « In rebus urbanis Galerii Trachali ingenio Othonem uti credebatur, et erant qui genus ipsum orandi noscerent crebro fori usu celebre et ad implendas aures latum et sonans. » Cf. Meyer, *Oratorum rom. fragm.* Turici, 1842, p. 592.

(64) Spartien, *Vie d'Ælius Vérus*, c. 4 : « Cum de provincia redisset, atque orationem pulcherrimam, quæ hodieque legitur, sive per se, sive per scriniorum aut dicendi magistros, parasset, qua kalendis Januariis Hadriano patri gratias ageret, accepta potione qua se existimaret juvari, kalendis ipsis Januariis periit. »

(65) J. Capitolin, *Vie d'Antonin le Pieux*, c. 11 : « Orationes plerique alienas dixerunt quæ sub ejus nomine feruntur ; Marius Maximus ejus proprias fuisse dicit. »

(66) Discours d'un sénateur, cité dans la *Vie de Tacite*, par Vopiscus, c. 6 : « Dii avertant patres patriæ dici impuberes, et quibus ad subscribendum (comparez sur ces *subscriptiones* la *Vie de Commode*, par Lampride, c. 13) magistri litterarii manus teneant, etc. »

(67) Aulu-Gelle, VI, 6 : «In veteribus memoriis scriptum legimus. » Cf. X, 10 : « Favorinus veterum memoriarum exsequentissimus. » Cf. Orelli, n. 2952, où un *procurator ab ephemeride*, sous Alexandre Sévère, paraît avoir exercé un important office de palais, mais non pas un office littéraire.

(68) Suétone, *Vies des Grammariens*, c. 10.

(69) Voir le jugement de M. Sainte-Beuve, *Causeries du lundi*, t. V, p. 252.

(70) *Corpus inscr. græc.*, n. 2852.

(71) *Corpus inscr. græc.*, n. 2254.

(72) Létronne, *Inscr. de l'Egypte*, t. I, p. 338 ; *Corpus inscr. græc.* n. 4896.

(73) Ph. Le Bas, *Voyage archéologique en Grèce, Inscriptions*, partie V, n. 441 ; L. Ross, *Inscriptiones antiquæ*, n. 312.

(74) Orelli, *Inscr. lat.*, n. 4031. Le fragment en grec d'une dépêche du même prince se lit dans le *Corpus inscr. græc.*, n. 1305.

(75) *Corpus inscr. græc.*, n. 3176 A.

(76) *Corpus inscr. græc.*, n. 3178. Cf. 1058, 1529, 2845, 3414, d'autres exemples des faveurs obtenues par les sophistes.

(77) *Corpus inscr. græc.*, n. 3835.

(78) Athénée, *Dipnos.* XII, p. 547. (Cf. XIV, p. 653 A, une réponse du même prince à la prétendue lettre d'un roi des Indiens) ; je traduis κρεμήσονται dans le sens plus adouci qu'indique déjà Casaubon, et que paraît autoriser un passage de Synésius, lettre 44, p. 185, éd. Petau.

(79) Dans Aulu-Gelle, XV, 11, et dans Suétone, *de Claris rhet.*, c. 1, rapprochement déjà indiqué par Casaubon.

(80) Vopiscus, *Vie de Carus*, c. 20 : «Non eloquentiæ causa, sed curiositatis. » — « Qui hæc et talia non tam diserte quam vere scripserunt, » dit Vopiscus, *Vie de Probus*, c. 2, en parlant des auteurs qu'il imite. Voir dans les biographies de Maxime et Balbin, c. 11, 15, 16 ; de Maximin le Jeune, c. 7, etc., des exemples étranges d'une ignorance que d'ailleurs l'historien confesse avec naïveté.

(81) Vopiscus, *Vie de Tacite*, c. 8 : « Ne quis me Græcorum alicui vel Latino-

rum existimet temere credidisse, habet bibliotheca Ulpia in armario sexto librum elephantinum in quo hoc senatusconsultum perscriptum est, cui Tacitus ipse manu sua subscripsit. Nam diu hæc senatusconsulta, quæ ad principes pertinebant, in libris elephantinis scribebantur. »

(82) Vopiscus, *Vie d'Aurélien*, c. 12 : « Ex libris Acholii, qui magister admissionum Valeriani principis fuit, libro *Actorum* ejus nono. » C. 17 : « Exstat epistola quam ego, ut soleo, fidei causa, imo ut alios annalium scriptores fecissè video, inserendam putavi. » Cf. Treb. Pollion, *Vie de Valérien*, c. 3 ; Tacite, *de Claris Orat.*, c. 37.

(83) Trébellius Pollion, *Vie de Claude II*, c. 7 : Exstat ipsius epistola..... quæ talis est *Senatui populoque romano Claudius princeps* (hanc autem ipse dictasse perhibetur. Ego verba magistri memoriæ non requiro) *patres conscripti, militantes audite quod verum est*, etc., » texte évidemment altéré. Casaubon proposait de lire *lætantes* au lieu de *militantes* et d'insérer *sint ipsius an* avant *magistri*. Saumaise blâme avec raison ces conjectures, sans proposer une autre correction. Peut-être suffit-il de reporter les mots *hanc..... perhibetur* après *requiro* et de mettre dans la bouche de Claude les mots *ego..... requiro*. Quant à *militantes audite quod verum est*, dans le style de ce soldat empereur on pourrait l'entendre ainsi : « Apprenez d'un soldat ce qui est la vérité. »

(84) Vopiscus, *Les XXX tyrans, Vie de Saturninus*, c. 8. La lettre est écrite à un consul, mais qui était beau-frère d'Hadrien.

(85) J. Capitolin, *Vie d'Albinus*, c. 12. Remarquez surtout les dernières lignes dirigées contre les goûts littéraires d'Albinus : « Major fuit dolor, quod illum pro litterato laudandum plerique duxistis, cum ille næniis quibusdam anilibus occupatus inter milesias punicas Apuleii sui et ludicra litteraria consenesceret. »

(86) Vopiscus, *Vie de Carus*, c. 8 : « Junius Calpurnius, qui ad memoriam dictabat (Cf. Notitia dignitatum imp. occ., p. 60 éd. Bocëking : « Magister memoriæ annotationes omnes dictat et emittit ») talem ad præfectum Urbis super morte Cari, epistolam dedit. Inter cætera : Cum Carus princeps noster vere Carus, etc. »

(87) Vopiscus, *Vie d'Aurélien*, c. 26 et 27. Peut-être convient-il de remarquer que Vopiscus avait pris ces deux documents, non dans des archives publiques, mais dans les récits d'un historien grec, de Nicomaque.

(88) *De Institutione officiorum*, cité par Priscien, *Instit. Gramm.*, VI, 8, p. 697, éd. Putsch; t. I, p. 247 éd. Krehl.

(89) Voir les lexiques de Forcellini et de Du Cange aux mots cités, et le savant ouvrage de Cancellieri, *de Secretariis basilicæ Vaticanæ veteris ac novæ*. Romæ, 1786, 4 vol. n. 4°, ouvrage qui, malgré son titre, n'est pas une histoire de la chancellerie pontificale. Jean Lydus, *sur les Magistrats romains*, III, 5, 11, etc., fournit aussi de précieux détails sur ce sujet.

PARIS. — TYPOGRAPHIE DE FIRMIN DIDOT FRÈRES, FILS ET Cᵉ,

IMPRIMEURS DE L'INSTITUT IMPÉRIAL, RUE JACOB, 56.